Couverture inférieure manquante

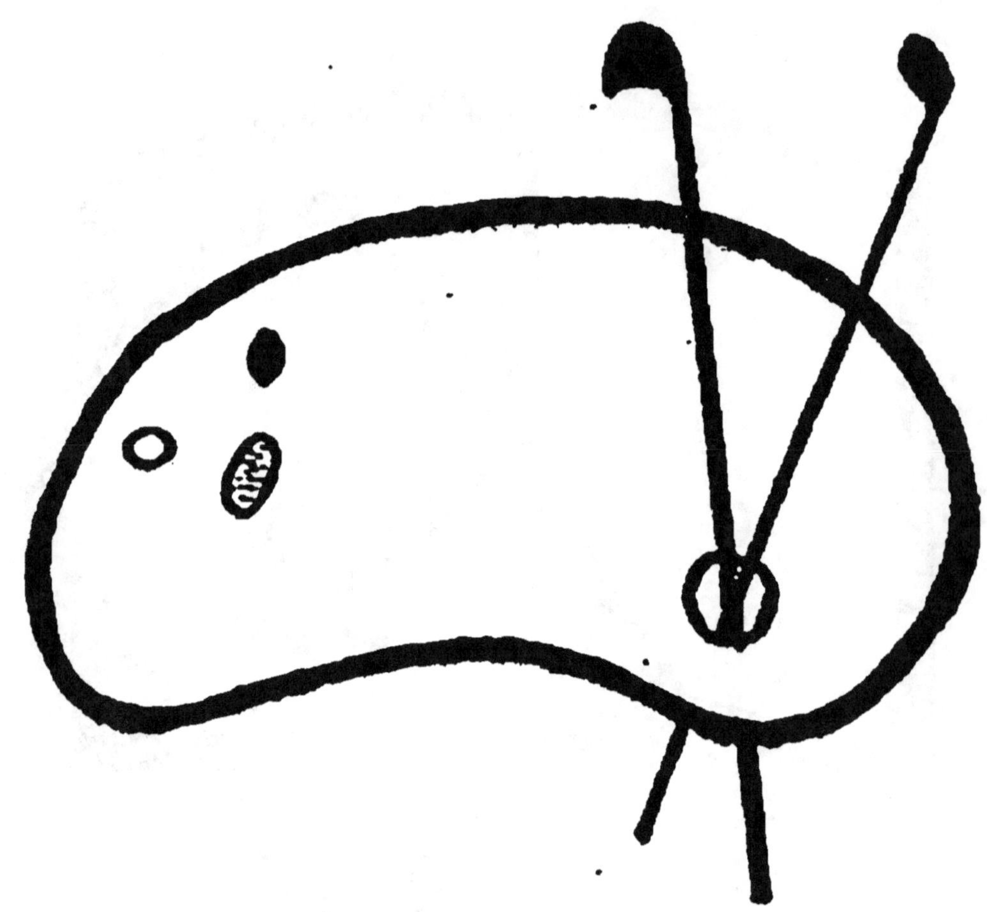

ORIGINAL EN COULEUR
NF Z 43-120-8

COMMENT ON ADMINISTRE

LA JUSTICE

EN ÉGYPTE

Traduit de l'italien, avec une Introduction

PAR

ANTOINE LUCOVICH

PARIS

TYPOGRAPHIE DE GAITTET

RUE DU JARDINET, 1

1866

COMMENT ON ADMINISTRE

LA JUSTICE

EN ÉGYPTE

COMMENT ON ADMINISTRE

LA JUSTICE

EN ÉGYPTE

Traduit de l'italien, avec une Introduction

PAR

ANTOINE LUCOVICH

PARIS

TYPOGRAPHIE DE GAITTET

RUE DU JARDINET, 1

—

1866

INTRODUCTION.

Notre intention n'est point en écrivant quelques lignes d'introduction pour la très-remarquable étude qui suit, de faire l'éloge d'une œuvre qui se recommande elle-même. Pourtant, cette brochure a le mérite — si rare de nos jours — de faire connaître au public nombre de choses intéressantes et parfaitement ignorées, même des spécialistes : car, ainsi que nous l'avouait dernièrement un célèbre jurisconsulte français, personne ou presque personne en Europe ne sait un mot de la jurisprudence ni des formes de procédure en usage dans l'Empire Ottoman, « peut-être, — ajoutait le spirituel avo-« cat, — parce qu'il n'existe là-bas ni code de procédure, ni « tribunaux réellement dignes de ce nom. »

Et voilà précisément ce qui va être démontré. Les maîtres jugeront.

Mais en dehors de ces démonstrations purement spécula-tives, des faits existent, des délits se commettent chaque jour, corollaires obligés d'une mauvaise administration de la justice. Depuis trois ans les cartons de toutes les chancelle-ries en Egypte regorgent des plaintes de la Colonie. Et rien ne finit, parce que dans l'état actuel, rien ne peut finir.

De tout cela, les Gouvernements européens ne *peuvent* ou ne *veulent* rien savoir. Cependant, il y a là une question sé-rieuse, qu'il importerait de vider promptement, à savoir si les intérêts de 150 000 résidents, venus en Égypte sur la foi de traités signés des Puissances, valent la peine que leurs Gou-vernements respectifs s'en inquiètent; si la fortune des dé-barqués d'hier et des arrivants de demain (car l'immigration en Égypte prend d'énormes proportions, toujours en vertu des mêmes traités), si cette fortune ne mérite pas qu'on s'en occupe en haut lieu.

Nous n'entendons point parler ici de raisons déterminantes, d'un ordre supérieur, intéressant la santé et la fortune du monde entier. Nous ne dirons donc rien de l'influence que l'Égypte est appelée à exercer sur le commerce général, spécialement comme pays de production agricole (voir un article de la *Patrie* du 26 novembre 1866 relatant l'opinion de l'Empereur Napoléon I*er* à ce sujet) ; nous ne parlerons pas de la culture du coton qui, sagement dirigée, rendrait l'Europe indépendante des destins ou des caprices de l'Amérique... nous réservant de traiter prochainement ces matières, et d'autres encore, avec tous les détails.

Mais en restant dans notre rôle de signataire de préface, et en nous occupant seulement des conséquences que peut avoir pour les résidents l'état actuel de la justice dans le pays, il convient de mettre le public en garde contre la manie d'expatriation en tant qu'il s'agira de l'Égypte comme nouvelle patrie. Voici donc ce que nous dirons à l'émigrant de demain :

L'Égypte a été et peut être encore dans quelques années une contrée fort riche, quand elle aura payé ses dettes écrasantes, dettes dont nous vous dirons prochainement le chiffre. Elle jouit d'un climat merveilleux, le sol y produit de miraculeuses récoltes, les habitants sont doux et hospitaliers ; quant à l'administration du pays..... Au fait, allez-y, et au retour vous direz ce qu'il vous en semble. Mais, pour Dieu ! n'ayez point affaire au Gouvernement local, car de deux choses l'une : ou vous aurez à vous plaindre de lui, ou il se plaindra de vous. Il se hasarde rarement à cette dernière extrémité, car les Capitulations veulent qu'on s'adresse au tribunal du défendeur, et il lui faudrait alors vous attaquer devant des juges européens qui, eux, savent rendre la justice. Tandis que lui prend d'ordinaire l'avance, c'est-à-dire qu'il motive une plainte, auquel cas vous devez vous adresser aux tribunaux égyptiens, qui sont ses tribunaux propres, et il vous laisse vous morfondre en attendant une sentence.

Nous avons dit tout à l'heure que les gouvernements Européens ne peuvent ou ne veulent rien savoir de l'Égypte. A cela il faut une explication.

S'ils ne *peuvent* rien savoir, la faute en doit incomber à

ceux-là dont la mission est de renseigner les Gouvernements.
(On remarquera que nous ne faisons aucune réflexion à ce
sujet). Et Ismaïl, le pacha d'Égypte, a profité de cette ignorance pour faire réciter dans les journaux de tous formats
les louanges de son administration. Il a raison : la réclame
rend service à tous les négoces et d'autres commerçants, fort
honorables, embouchent quotidiennement — à 5 fr. la ligne
— les trompettes de la Renommée.

Mais si les Gouvernements européens ne *veulent* rien savoir, nous devons forcément déduire de cette *fin de non-
écouter* les conclusions suivantes :

Pour de graves raisons, disons des raisons d'Etat, il convient de ne point créer d'embarras à la Porte Ottomane, dont
Ismaïl-Pacha est le fermier général en Égypte. Jusqu'ici, rien
de mieux : l'intérêt de quelques-uns doit céder le pas quand
il s'agit du bien général. Il est vrai que les quelques-uns en
question n'avaient aventuré leurs fortunes en Égypte qu'en
suite de stipulations qui semblaient les assurer contre tous
risques de mauvaise foi. L'histoire de ces dernières années
est pleine de faits à l'appui de cette confiance ; quand le droit
n'a pu faire écouter sa voix, le canon fait entendre la sienne.

Mais parce que ces moyens extrêmes sont inopportuns, s'en
suit-il qu'un certain nombre de résidents doivent supporter à
eux seuls les frais de la raison d'Etat ? Il fallait alors ajouter
aux Capitulations qui règlent la situation des Européens dans
le Levant, un paragraphe qu'on aurait pu rédiger en ces termes : « Les stipulations ci-dessus sont exécutoires, les cas
« exceptés où le Gouvernement ottoman s'y opposerait, les
« Puissances européennes n'ayant eu qu'un seul but en si-
« gnant les Capitulations, celui d'être agréable de tous points
« à la Sublime-Porte. » Et les Européens seraient restés
chez eux.

Mais comme le paragraphe en question ne se trouve nulle
part, les Gouvernements nous semblent moralement obligés
à protéger leurs nationaux, *par tous les moyens*, si mieux ils
n'aiment, puisque la raison d'Etat intéresse tout le monde,
frapper tous les citoyens d'un impôt spécial destiné à indem-
niser ceux d'entre eux qui auront été lésés en Orient.

Ce sont là de bien grosses questions pour un si petit sujet.

Le pacha d'Égypte, gouverneur d'une province, pour compte du Sultan, ne tient à rien en politique. Il tient, il est vrai, sa place dans le commerce, comme tant d'autres, mais rien de plus. Maintenant il lui plaît de donner à ses commis des noms bien sonnants; c'est son droit. En Angleterre, les employés de commerce prennent invariablement le titre de *Clerk*; Ismaïl institue les siens : ministres, conseillers d'État, etc.; les commis-voyageurs de la maison, ceux qui vont *faire la place* en Europe, s'étiquettent *Ministres sans portefeuille*. Eh! mon Dieu! c'est là une manie inoffensive, qui ne trompe personne et vaut aux représentants le même accueil qu'aux autres voyageurs de commerce. Nous avons bien entendu un coiffeur dire « un artiste » pour désigner un garçon perruquier. Le tout est de s'entendre sur les mots.

Une différence existe pourtant. En Europe, quand une difficulté surgit entre deux commerçants, l'affaire est jugée par les pairs; tandis qu'en Égypte, le cas échéant, l'un des commerçants — Ismaïl-Pacha — vous fait juger par ses commis.

Voilà, n'est-il pas vrai, une singulière justice qui doit rendre de singuliers arrêts!

Mais alors, puisque les Puissances, afin de ne pas créer de conflits avec la Porte Ottomane, de qui relève Ismaïl, ne veulent pas intervenir auprès du Sultan pour protéger leurs nationaux en Égypte, elles devraient bien laisser aux Européens, lésés par le Pacha, la suprême ressource de se faire justice eux-mêmes. Le droit des nations admet les représailles, à défaut d'autres moyens. Qui sait s'il ne se trouverait pas des gens pour accepter des *lettres de marque!*

C'est là un remède extrême, sans doute, mais qu'on nous en cite un autre, tant que l'Europe persistera à ne rien savoir de l'administration de la justice en Égypte.

Antoine LUCOVICH.

LA JUSTICE

EN ÉGYPTE.

Toutes les fois qu'un Européen intente une action contre le Gouvernement égyptien ou contre ses sujets, un des points les plus graves de la contestation est de déterminer qui devra être le juge. En Europe, la procédure suit son cours avec toute facilité : les tribunaux ordinaires sont saisis immédiatement de la cause, et ce sont eux qui en décident.

En Égypte, au contraire, aucun Européen ne veut entendre parler des Tribunaux du pays, et on repousse constamment leur juridiction. Il n'y a guère là-bas que le tribunal de commerce qui ne soulève pas trop de difficultés, parce que, tout imparfait qu'il soit, il est du moins tolérable à cause des juges européens qui le composent en partie, et de l'existence d'un Code de procédure conforme à celui de France (1). Mais

---

(1) Le tribunal mixte de commerce en Égypte, composé par moitié de juges européens et indigènes, ne peut rigoureusement pas être considéré comme un tribunal local, mais bien comme un tribunal international, car les juges européens ne sont pas choisis par le gouvernement égyptien : ce sont leurs nationaux qui les nomment à l'élection. GATTESCHI. *Manuale di Diritto Ottomano, appendice. Sez.* 20-1.

quant aux tribunaux civils, personne ne veut s'adresser à eux, et les Européens se refusent obstinément à les reconnaître.

Cette répugnance des Européens pour les tribunaux égyptiens ne date pas d'aujourd'hui : elle existe depuis fort longtemps et a produit ce résultat que, depuis Mohammed-Ali jusqu'au vice-roi actuel, tous les princes qui se sont succédés au pouvoir l'ont respectée.

Ainsi, pour résoudre un grand nombre de questions entre le Gouvernement égyptien et les Européens, une coutume s'était établie : on n'avait pas trouvé d'autre moyen que de composer à l'amiable ou de nommer, d'un commun accord entre le Gouvernement et l'autorité consulaire respective, un tribunal spécial auquel on soumettait le différend.

D'ordinaire, c'était un tribunal arbitral, et les arbitres nommés étaient des Européens choisis par le Gouvernement et le Consulat de la partie adverse. C'est ainsi que furent résolus les anciens procès Thurburn, Rossetti et nombre d'autres différends depuis que l'Égypte est gouvernée par la dynastie du grand Mohammed-Ali (1).

Mais lorsque la colonie européenne fut devenue considérable et que le nombre des procès contre le Gouvernement s'accrut énormément, le système des arbitrages devint insuffisant. Il fallait trouver un autre moyen qui offrît moins de difficultés et ne nécessitât pas pour chaque cause un compromis spécial.

A cet effet, sous le gouvernement de Saïd-Pacha (celui-là était un prince éclairé, aimant la justice), on avait adopté deux

---

(1) Il est inutile de remonter à des époques antérieures, car on peut dire qu'avant Mohammed-Ali, il n'y avait pas d'Européens en Égypte. Leur nombre — toutes nationalités réunies — arrivait à peine à quelques centaines d'individus.

systèmes : ou soumettre le différend à quelque tribunal européen; ou bien nommer en Égypte des commissions judiciaires composées de personnes choisies par les Consuls et le gouvernement local, en fixant la procédure spéciale à suivre.

Citons comme exemples l'*affaire Bartolucci*, qui fut soumise au jugement du Tribunal consulaire d'Italie, avec appel devant la Cour de Gênes; l'*affaire Pacho*, qui, bien que présentée en première instance à un Tribunal d'arbitres domiciliés en Égypte, fut portée en appel devant une commission d'avocats de Paris; et, récemment, sous le gouvernement du vice-roi actuel, l'*affaire Hallag*, soumise au Conseil d'État du royaume d'Italie; celle de *Morpurgo* contre Halim-Pacha, déférée à la Cour d'appel de Trieste.

Quand le nombre des procès intentés par les sujets autrichiens devint considérable, on créa une commission spéciale de quatre juges européens sous la présidence d'un pacha qui n'avait pas droit de vote, avec faculté pour ladite commission de nommer, en cas d'égalité des voix, trois juges supplémentaires qui devaient décider la cause. On publia même, à cet effet, un règlement imprimé pour la procédure à suivre devant cette commission.

Une commission identique fut établie avec les Consulats de Grèce et de Russie.

On soumettait au jugement de ces commissions non-seulement les procès contre le Gouvernement égyptien, mais parfois aussi des affaires contre de simples particuliers, spécialement quand il s'agissait de personnes influentes.

En somme, les questions entre les Européens et le Gouvernement égyptien n'ont jamais, en aucun cas, été soumises aux Tribunaux locaux, et l'on ne pourrait citer un seul exemple de sentence prononcée par ces derniers dans un différend de ce genre.

Il ne sera pas sans intérêt, selon nous, de chercher pour

quelles raisons le Gouvernement égyptien avait consenti à accepter ce mode exceptionnel de juridiction, et de voir en outre si la répugnance des Européens pour les tribunaux égyptiens était raisonnable et légitime.

A ce propos, il ne faut pas oublier l'observation que tous les publicistes ont faite sur la position exceptionnelle de l'Empire Ottoman vis-à-vis des Puissances européennes. Un tel oubli causerait de graves erreurs qui rendraient impossible l'explication d'un grand nombre de faits qui se sont passés dans le Levant, et qui sont la conséquence de cette position exceptionnelle (1). C'est là aussi une cause d'illusions, — et, par suite, de désenchantement, — pour le Gouvernement Ottoman, qui, trop souvent, croit pouvoir parler et agir comme les États européens, oubliant en cela la distance énorme qui le sépare de ces derniers.

La juste observation dont il s'agit est que l'empire Ottoman possède un *Droit public* à lui propre, et qui ne peut être confondu avec le Droit public en vigueur dans les États européens; car la Porte n'admet pas toujours le *Droit des gens positif de l'Europe* (2), lequel, d'autre part, s'écarte en un grand nombre de points du *Droit des gens* de la Turquie (3).

---

(1) On ne saurait trop recommander aux hommes d'état européens d'avoir bien présente à l'esprit la position exceptionnelle de la Turquie; c'est pour ne l'avoir pas fait que la plupart des Gouvernements d'Europe ont commis de graves méprises. Comme ils n'ont pas clairement saisi le sens précis du droit international ottoman, ils agissent suivant la circonstance, à tâtons pour ainsi dire, et trop souvent sacrifient ainsi les intérêts de leurs nationaux dans le Levant. Et c'est précisément là ce que les traités avaient voulu éviter.

(2) KLUBER. *Droit des gens.* § 1. n. d. Le droit des gens positif de l'Europe est appelé par quelques-uns *jus gentium Europearum practicum.* La Porte Ottomane ne l'admet pas toujours.

(3) MARTENS. *Précis du Droit des gens. Introd.* § 9. En qualifiant notre science du nom de *Droit des gens positif de l'Europe,* on ne doit pas oublier

C'est ainsi qu'on invoquerait inutilement pour ce dernier ce qui a lieu en Europe. Le Droit international ottoman est exclusivement basé sur les CAPITULATIONS et sur la coutume, et se trouve souvent en contradiction avec celui que la science et les traités ont établi pour les nations européennes. Il suffira, pour s'en convaincre, de citer le privilége qu'ont les Européens résidant en Turquie d'être jugés par leurs consuls et leurs tribunaux sans avoir aucun rapport de sujétion avec les lois et l'autorité locales, privilége absolument contraire aux règles ordinaires du Droit public européen, et aux principes de la souveraineté (1). En résumé, vis-à-vis de la Turquie, l'application du Droit international se fait de la façon la plus libre ; elle est basée sur une réciprocité purement conventionnelle (2).

On doit donc examiner la question uniquement au point de vue des Capitulations de la Porte Ottomane avec les Puissances chrétiennes, et des us et coutumes du Levant, en laissant de côté les principes de Droit public en vigueur chez les Etats européens.

Par le fait, les Capitulations et la coutume sont les deux seules sources du Droit international ottoman, qu'on a appelé avec raison « conventionnel et coutumier, » tandis que le

---

qu'en Europe le droit des gens conventionnel et coutumier des Turcs diffère, dans bien des points, de celui du reste de l'Europe chrétienne.

(1) FÉRAUD-GIRAUD, *De la Juridiction française dans les Échelles*, 1re partie, pages 23 et suivantes, et 4e partie, page 58. (Édit. 1866).

(2) HEFFTER. *Le Droit public international de l'Europe*, § 7. « Le droit « international, né en Europe, s'est développé d'une matière complète chez « les nations chrétiennes de l'Europe et du dehors. Elles entretiennent « entre elles, d'après les règles traditionnelles de la Société Européenne, « et avec leur garantie collective et morale, un commerce politique permanent, « une véritable *dikœdosie* mutuelle, un *commercium juris praclendi* « *repetendique*. A l'égard des États *non chrétiens*, son application est tout « à fait libre et fondée sur une réciprocité purement conventionnelle. »

Droit Européen découle de sources bien autrement nombreuses et importantes. (1).

On peut même ajouter que les usages et coutumes ont été établis par suite des quelques exemples de procès que j'ai précédemment cités; en d'autres termes, que depuis fort longtemps, toutes les affaires contentieuses, spécialement celles contre le Gouvernement, ont toujours été déférées à des tribunaux exceptionnels à l'exclusion absolue des tribunaux locaux (2).

Quant aux Capitulations, il est manifeste qu'elles constituent pour la Porte un véritable certificat d'incapacité, et pour ses propres tribunaux un tel défaut d'aptitudes que l'Europe a le droit de décliner en toute occasion leur compétence. Aussi est-il stipulé dans toutes les Capitulations, depuis les plus anciennes jusqu'aux plus récentes, que toutes les causes, sans distinction, soit contre le Gouvernement, soit contre les particuliers, lorsqu'elles excéderont 4000 aspres (environ 125 francs) ne pourront être portées devant les tribunaux locaux, mais seulement devant le Divan Impérial, ou Conseil de l'Empire, en d'autres termes devant le chef de l'Etat.

Sans remonter aux Capitulations établies avec les princes musulmans arabes, et pour ne mentionner que celles qui sont encore actuellement en vigueur, nous pouvons citer les suivantes :

L'art. 41 des Capitulations françaises dit : « Les procès ex-

---

(1) MARTENS. *Op. cit. Introd.* § 8. *In not.*

(2) Comme preuve à l'appui de cette coutume nous publions en notes justificatives les deux réglements pour les commissions autrichienne et grecque, créées sous le gouvernement de Saïd-Pacha. Ce sont les meilleurs documents à consulter. Voir, en outre, les sentences rendues dans les affaires Bartolucci et Hallag, soumises au jugement des tribunaux italiens.

« cédant 4000 aspres seront écoutés à mon Divan Impé-
« rial. »

L'art. 8 des Capitulations sardes (italiennes aujourd'hui) est
ainsi conçu : « Tout procès où il s'agira d'une somme supé-
« rieure à 4000 aspres sera renvoyé et remis à Constantino-
« ple où il sera jugé suivant les saintes lois. »

Les Capitulations avec l'Autriche portent, art. 5 : « S'il
« s'élève un litige ou une contestation excédant la somme de
« 4000 aspres, soit 25 talaris, aucun tribunal de province ne
« pourra en décider, et l'affaire devra être déférée au juge-
« ment de la Porte Ottomane. »

L'art. 64 des Capitulations russes : « Les procès qui ex-
« céderont la somme de 4000 aspres seront soumis au Divan,
« sans être portés auparavant devant aucun autre tribunal. »

Art. 69 des Capitulations anglaises : « Les capitulations
« impériales stipulent que tous les procès dans lesquels les
« Anglais sont parties, et dont la valeur excède la somme de
« 4000 aspres, doivent être soumis à notre Sublime-Porte et
« nulle part ailleurs. »

Art. 4. Capitulations des Etats-Unis : « Les causes où il
« s'agira d'une somme de plus de 500 piastres (1) seront
« soumises à la Sublime-Porte pour être jugées suivant les
« lois de l'équité et de la justice. » (2)

D'après ce qui précède, il est donc évident que toutes les
fois qu'un différend s'élève dans lequel un Européen est partie
active, que le gouvernement y soit, ou non, intéressé, les
Tribunaux locaux sont incompétents, et par cela même peu-

---

(1) La piastre égyptienne est d'environ 26 centimes.

(2) On trouve des dispositions identiques dans les Capitulations de la
Belgique, art. 8 ; — du Danemark, art. 10 ; — de l'Espagne, art. 5 ; — des
Pays-Bas, art. 23 ; — de la Prusse, art. 5 ; — de la Suède, art. 6 ; — de la
Grèce, art. 21.

vent être rejetés de plein droit. Et il est vraiment curieux de voir stipulé dans les Capitulations des Etats-Unis que « de « telles questions seront décidées par le Conseil de l'Empire, « suivant la loi de l'équité et de la justice. » Il semble qu'on ait voulu par ces mots s'inscrire en faux contre les tribunaux du pays, et dire que ces derniers ne décident point suivant la justice et l'équité ; ou bien stipuler qu'il ne faut pas appliquer la loi musulmane, sans doute parce qu'elle est trop hostile aux Européens et s'accorde trop peu avec la civilisation moderne. D'après ces articles des Capitulations, il est facile de voir que la répugnance des Européens à se présenter devant les tribunaux égyptiens est parfaitement légitime, parfaitement légale aussi, car elle est basée sur les dispositions claires et explicites des traités, et justifiée par toutes les concessions et les aveux de la Porte Ottomane relativement à l'insuffisance de ses propres tribunaux.

Nous ne comprenons donc pas que lorsque des Européens déclinent la juridiction des tribunaux égyptiens, on puisse sérieusement leur objecter les us et coutumes de l'Europe. Car aucune Puissance européenne, dans les traités qui l'unissent aux autres Puissances, n'a reconnu l'incapacité de ses propres tribunaux ; aucune Puissance n'a dit que ces mêmes tribunaux ne jugeaient pas selon l'équité et la justice ; aucune n'a accordé aux étrangers l'exemption de la juridiction territoriale. En résumé, un droit international régit l'Europe, droit tout différent de celui de la Turquie, et qui, ainsi que nous l'avons dit, ne saurait être invoqué lorsqu'il s'agit de cette dernière Puissance.

Il nous semble avoir suffisamment démontré que la répugnance des Européens pour la justice égyptienne — et par suite leur refus de se soumettre à ses décisions — sont fondés en droit puisqu'ils reposent sur les us et coutumes ainsi que sur les dispositions littérales des Capitulations. Voyons maintenant si ces refus et ces répugnances sont raisonnables, c'est-à-dire s'ils sont justifiés par les conditions spéciales où se trouvent les tribunaux dont il s'agit.

A ce sujet il nous serait facile de faire nombre d'observations qu'à dessein nous passons sous silence. Toutefois nous sommes forcés de constater que dans tout l'Empire Ottoman, et spécialement en Égypte, l'organisation des tribunaux locaux est tellement imparfaite, nous devrions dire déplorable, que les Européens ont toutes raisons de se refuser à s'y présenter.

Il existe deux espèces de tribunaux dans l'empire Ottoman : les tribunaux religieux qui sont régis par la *Chérié*, ou loi musulmane, et les tribunaux civils établis par l'autorité politique, c'est-à-dire par des ordonnances impériales.

Les premiers sont composés d'*ulemas* ou docteurs de la loi, et sont représentés par le tribunal du Cadi ou *Mehkémé*.

Les seconds sont composés d'employés civils, non ulemas, nommés par le Gouvernement; ce sont les *Médjlis* qui existent dans chaque chef-lieu de province (1).

Les premiers n'appliquent pas d'autre loi que la loi religieuse, c'est-à-dire celle basée sur le Coran, la tradition, (*sunna*) et ses interprètes, loi qui s'appelle *chérié*. Ils ne veulent rien savoir des ordonnances impériales ni de tous les règlements publiés par le Sultan. Leur citer le *Tanzimat*, le *Hatti-humayoun* de 1839 et le *Hatticherif* de 1856, ou le Code de commerce ottoman, serait un blasphème, car ces règlements et ordonnances contiennent des dispositions contraires à la loi Musulmane.

Ces tribunaux sont dans un tel degré d'insubordination à l'égard de la loi civile ou *Cânoun*, qu'ils ne veulent même

---

(1) BELIN. *Études sur la propriété foncière en pays musulmans.* Chap. X, § 16, pag. 173, not. 4.

pas reconnaître l'existence judiciaire des sociétés commerciales, bien qu'elle soit sanctionnée par le Code de commerce ottoman (1). Et cela parce que la loi religieuse, ou *chérié*, ne reconnaît ni n'admet leur personnalité morale et judiciaire. Ainsi, si le Mehkémé était l'unique tribunal de l'Empire Ottoman, on serait obligé de se soumettre aux principes les plus intolérants, les plus rétrogrades du monde, qui sont les principes inscrits dans les livres de jurisprudence musulmane (2).

C'est ce qui a rendu nécessaire l'institution des Medjlis ou conseils des chefs-lieux de province. Ces tribunaux reconnaissant et donnant force légale aux règlements et lois impériales ou *canoun*, étaient destinés à parer aux inconvénients qui se présentaient dans l'administration de la justice confiée exclusivement au Mehkémé, et à rendre possible le progrès de la législation dans l'Empire Ottoman.

Quant à la première catégorie de tribunaux, tribunaux des Cadi ou *Mehkémé*, personne ne trouvera extraordinaire que nous disions qu'ils sont de tout point incapables d'administrer la justice vis-à-vis des Européens, si l'on veut se rappeler que la Chérié, ou Loi musulmane, ne s'inspire que d'une haine constante contre les *Infidèles*, qu'elle déclare incapables, non-seulement des droits politiques, mais même des droits civils les moins importants. A notre époque, une

---

(1) Il est absolument impossible aux Sociétés commerciales de se faire reconnaître par ces tribunaux comme propriétaires d'immeubles. Et comme c'est devant le *Mehkémé* que doivent être rédigés les *Hodgets*, actes authentiques de propriété, les Sociétés de ce genre ne peuvent les obtenir au nom social et sont obligées de consigner dans l'acte les noms de tous les associés, ou de faire rédiger cet acte au nom d'un tiers qui reconnaît qu'il est possesseur de l'immeuble pour compte de la Société. On voit quels inconvénients présente un pareil système.

(2) Ceccaldi. *Manuale di Diritto Ottomano. Introduzione* § 3, pag. 28 et sg.

pareille loi est un véritable anachronisme; c'est elle qui rend la domination turque insupportable et la place bien au-dessous de celle de toutes les nations civiles. Et pour qu'elle puisse compter parmi les législations en vigueur de nos jours, il faudra la changer au point de la rendre méconnaissable.

Quant à la seconde catégorie de tribunaux, c'est-à-dire les *Medjlis*, ou conseils civils, ils ont été réellement institués dans un but fort sage et qui permettait d'en espérer les meilleurs résultats. Cette institution était destinée à rendre possibles, dans l'Empire Ottoman, les progrès de la civilisation, et à abolir à la longue la loi musulmane, avec toutes ses formules caduques, sa procédure illogique et ses antiques et absurdes principes (1).

Par le fait, les Medjlis, devant appliquer les ordonnances impériales ou *Canoun,* y trouvent un nouveau droit ottoman, basé sur les principes de la civilisation moderne et s'harmonisant beaucoup mieux avec le droit reconnu par les nations européennes. Ils y rencontrent le *Hallichérif* de Gulhané, le *Hatti-humayoum* de 1856, les différentes lois du *Tanzimat,* toutes ordonnances qui ont opéré une véritable révolution dans la législation ottomane et ont complétement détruit le droit ancien pour le remplacer par un nouveau (2).

Aussi les Medjlis, si on considère le but qui a présidé à leur formation, sembleraient devoir satisfaire les justes exigences des Européens, et leur ôter tout prétexte de décliner et de rejeter leur compétence.

Mais si on les examine du côté réellement pratique, on est loin d'arriver à semblable conclusion.

On voit, à propos de ces tribunaux, ce qui malheureusement se passe au sujet de toutes les institutions de l'Empire Otto-

---

(1) Gatteschi. *Op. cit. Introduz., pag.* 65 *et seg.*
(2) Gatteschi. *Op. cit. Introduz., pag.* 66 *et seg.*

man : malgré les meilleures intentions des gouvernants, elles ne correspondent en aucune façon au but pour lequel elles ont été créées; ce sont de vrais sépulcres blanchis : à l'intérieur tout est corruption et pourriture.

En un mot, ils ont l'apparence du beau et du bien, mais en réalité ils semblent n'être destinés qu'à jeter de la poudre aux yeux des diplomates inexpérimentés, afin qu'on cesse de demander de tous côtés au Gouvernement ottoman des réformes et un nouveau système d'administration (1).

Et en réalité comment sont organisés ces tribunaux qui devaient avoir un but aussi utile et grandiose ?

Comment sont-ils composés ? quelle est leur position judiciaire vis-à-vis du Gouvernement ? quelle procédure suivent-ils ?

Le personnel d'un tribunal, quel qu'il soit, doit être composé de magistrats, c'est-à-dire de gens connaissant la loi, habitués à l'appliquer sainement, doués d'une grande honorabilité pour administrer impartialement la justice. Ces magistrats doivent en outre être absolument indépendants du Gouverne-

---

(1) Il est une vérité triste à dire, c'est que la Turquie, bien qu'elle ait pris part au Congrès de Paris et qu'elle ait publié le Hatti-chérif de 1856, n'a rien, ou pour ainsi dire rien, fait pour que les principes stipulés par les ordonnances susdites reçoivent leur application dans l'Empire Ottoman, et prennent force d'habitude chez les habitants. Parlez aux Musulmans fervents — et la plupart sont ainsi — ils vous répondront que ces ordonnances sont de nulle valeur, que l'ancien droit musulman est toujours en vigueur; de telle sorte que si les Puissances européennes, dans le Levant, ne menaçaient pas continuellement le Gouvernement, ce dernier les mettrait absolument de côté, et n'y penserait même pas. Du reste les fonctionnaires ottomans ont l'habitude de promettre tout ce qu'on veut, de manifester les idées les plus libérales en présence des agents diplomatiques arrivés récemment dans le pays; ces derniers sont dans l'enchantement, dans l'enthousiasme, jusqu'à ce que l'expérience leur apprenne le cas qu'il faut faire de semblables promesses. Le pire des diplomates est celui qui n'a passé que quelques mois en Turquie.

ment qui les a nommés, afin qu'ils ne prennent pas son parti contre les particuliers, et ne subissent pas l'influence des forts au détriment des faibles. C'est ce qui a fait naître le besoin de déclarer la magistrature inamovible. En résumé, pour que les tribunaux puissent régulièrement rendre la justice, il doit exister un Code de procédure, accessible à tous, et qui puisse être invoqué par les parties intéressées.

Eh bien ! de toutes ces conditions essentielles, indispensables pour constituer de véritables tribunaux, les Medjlis ou tribunaux civils de l'Empire Ottoman n'en présentent pas une.

Loin d'être composé d'hommes experts en jurisprudence, leur personnel se recrute parmi des gens qui n'ont jamais entendu parlé de droit et qui, en outre, ne sont pas même capables de comprendre les ouvrages de législation musulmane, ouvrages écrits, comme chacun le sait, en une langue spéciale, fort difficile à comprendre même par les orientalistes les plus érudits. (1) Et en réalité les juges qui composent les Medjlis sont tout uniment des favoris du prince, absolument dépourvus d'instruction, sachant à peine lire et écrire, et qui ont antérieurement rempli un emploi quelconque, même dans une administration particulière, soit comme écrivains, surveillants de terrains, soit comme employés subalternes de la douane, des arsenaux, de l'armée, ou comme valets de chambre, et qui, ayant été élevés au grade de Bey ou de Pacha, se trouvent par hasard choisis pour être conseillers des Medjlis, et sont ainsi destinés — ou pour mieux dire condamnés — à prononcer des sentences; le tout en vertu du principe constamment en vigueur chez les Turcs: que ce n'est point le mérite et la haute valeur personnels qui doivent donner les dignités et les grades, mais que les grades et les

---

(1) Tornaw. *Le Droit musulman.* Préface, page 2.

honneurs suffisent pour donner à un homme la valeur et le mérite. C'est ainsi qu'en Turquie tout homme est apte à tout, pour peu que ce soit le bon plaisir de celui qui peut tout.

Et il est impossible de trouver un autre mode d'élection des juges dans l'Empire Ottoman. Si on les choisit parmi les seuls hommes qui connaissent la loi dans le pays, c'est-à-dire parmi les ulemas, on retombe précisément dans l'inconvénient auquel on voulait obvier par l'institution des conseils civils, c'est-à-dire l'application unique de la loi musulmane à l'exclusion absolue de la nouvelle législation ottomane, la seule possible pour les chrétiens et les résidents étrangers, législation qu'avait fait espérer à l'Europe le Congrès de Paris de 1856.

Il faut donc choisir ces juges ailleurs que dans le corps des ulemas. Mais en dehors des mosquées, d'où sortent les ulemas, il n'existe point d'école de droit et de législation dans l'étendue de l'Empire Ottoman. Car la Sublime-Porte n'a pas voulu séparer l'étude du droit civil de celle du droit religieux ; elle n'a pas essayé non plus d'instituer des universités à l'instar de celles de l'Europe, où l'on enseigne le droit commercial, la procédure, le droit public et international, toutes sciences absolument ignorées des professeurs en droit musulman. La Turquie possède des écoles gouvernementales de médecine, d'art et d'industrie, mais elle n'a point d'écoles de droit.

Ainsi, les juges se recrutent forcément parmi les gens absolument ignorants de la législation et des coutumes judiciaires. Il ne faut donc pas s'étonner si les juges des Medjlis ne méritent pas qu'on leur donne le nom de magistrats, titre qui revient de droit à des juges véritables, tels que les comprend la législation moderne.

Quel est le résultat d'un semblable état de choses? C'est que les conseillers des Medjlis étant absolument incapables de rendre des sentences, il a fallu leur adjoindre les ulemas, c'est-à-dire des hommes experts en droit musulman, tels que le Cadi et le Mufti, afin de pouvoir les diriger. (1) Et ils les dirigent si bien qu'ils les dominent. C'est ainsi qu'on en est arrivé à un résultat diamétralement opposé à celui qu'on espérait obtenir, à savoir que voulant annihiler l'influence de l'élément religieux dans l'administration de la justice, on n'a fait en réalité que soumettre plus complétement la justice à l'élément religieux.

Disons, pour nous résumer, que les Medjlis ne sont composés que d'ignorants et de fanatiques; quant à la justice qu'ils peuvent rendre, tout le monde peut s'en faire une idée complète.

Il est vrai que le président des Medjlis et les conseillers devraient parer aux inconvénients de la stricte et rigoureuse application des lois musulmanes. Mais leur peu de connaissances — disons leur ignorance absolue — les met dans l'impossibilité complète de tenir tête aux ulemas, avec lesquels, d'ailleurs, ils ne luttent jamais, et dont ils sont les très-humbles et obéissants serviteurs et disciples, non-seulement parce que ceux-là sont plus savants, mais encore parce qu'ils appartiennent à la caste religieuse musulmane.

Si maintenant nous considérons la position des juges des Medjlis vis-à-vis du gouvernement du pays, il faut convenir que leur situation est bien autrement déplorable. L'inamovibilité des juges, quoiqu'elle soit reconnue par l'Empire Ottoman, n'est là-bas qu'un vain mot; car en Turquie règne le despotisme le plus absolu. Là tout dépend du bon plaisir du Prince, et un homme qui oserait seulement mettre en doute l'infaillibilité du souverain serait considéré comme un re-

---

(1) Le *cadi* est le juge; le *mufti* est le docteur de la loi, qui donne son opinion (*fetwa*) sur laquelle le cadi doit baser sa sentence.

belle digne des galères et de la potence. Conséquemment aucun employé n'est, ni ne peut être inamovible en Turquie. D'un moment à l'autre un fonctionnaire, si humble ou si élevé qu'il soit, reçoit son changement. Il se passe même à ce sujet des faits incroyables. Par exemple, on a vu un président de tribunal devenir drogman; un magasinier de l'arsenal, un employé de chemin de fer, un intendant, ont été nommés président ou conseiller des tribunaux; d'autres encore, sans que personne s'en soit étonné le moins du monde; au contraire on trouvait ces mutations toutes naturelles, toutes logiques, simplement parce qu'elles émanaient d'une décision souveraine.

Avec des tribunaux composés de la sorte, soumis absolument au bon vouloir du Gouvernement, ce serait folie d'attendre de l'impartialité de la part des juges. Leur vie aussi bien que leur fortune est entre les mains du Gouvernement. Comment veut-on qu'ils se hasardent à le juger, à discuter ses actes, à le condamner surtout? Autant vaudrait leur demander leur propre ruine, leur propre condamnation!

Examinons enfin s'il existe pour ces tribunaux un Code de procédure. Ici l'examen sera tôt fait. Il n'y a point trace de chose semblable dans tout l'Empire Ottoman. La seule procédure connue est la volonté du Président, qui, selon son bon plaisir, convoque les parties, les interroge, prolonge pendant des mois, des années souvent, ses audiences particulières, — c'est-à-dire en réalité à l'exclusion du public, — sans aucune transmission d'actes, au fur et à mesure des actions intentées et des procès-verbaux sur lesquels personne ne peut jeter les yeux. Une fois la sentence prononcée, on lui fait faire une promenade au Conseil d'État et au Conseil privé du Prince, qui peut la modifier sans entendre les parties, et qui, s'il la confirme, lui donne l'*exequatur*. C'est seulement à titre de recours en grâce qu'on obtient la révision de la sentence en s'adressant au souverain qui, d'ailleurs, est parfaitement libre de faire ce qui lui plaît.

Nous croyons qu'il n'y a pas besoin d'exemples aussi révoltants pour convaincre les plus incrédules de cette vérité : que si les Européens éprouvent de la répulsion pour les tribunaux ottomans, cette répulsion est malheureusement trop justifiée.

Si à tout ce qui précède nous ajoutons qu'il est absolument impossible, dans l'Empire Ottoman, de se faire assister devant ces tribunaux par des avocats indigènes (le nom d'avocat n'existe même pas en Turquie, soit parce qu'en réalité il n'y a point dans le pays d'autres écoles de droit que celles des ulémas, soit parce que la loi musulmane s'y oppose), il faut conclure que quand on oblige un Européen à se présenter devant ces mêmes tribunaux, surtout s'il s'agit d'une action contre le Gouvernement, cela revient à le condamner d'avance.

Nous ne croyons pas utile de parler de la moralité de ces tribunaux. La corruption des juges ottomans est proverbiale. Elle est malheureusement si commune, si ordinaire, que c'est la seule règle véritable à suivre pour terminer un procès.

Il nous semble que nous avons suffisamment expliqué pourquoi les Capitulations et les coutumes dont nous avons parlé, ont déclaré l'incompétence des tribunaux locaux dans tous les procès où les Européens sont parties, soit contre le Gouvernement, soit contre des sujets ottomans quand ils sont influents.

Citons encore, à l'encontre des tribunaux ottomans, une preuve tirée des us et coutumes du pays. Suivant les anciennes Capitulations (1), toutes les fois qu'un indigène se trouve intéressé soit comme plaignant, soit comme inculpé, dans une

---

(1) CAPITULATIONS françaises, articles 23 et 26 ; — anglaises, art., 15, 24 ; — prussiennes, art. 5.

affaire contre un Européen, le juge compétent doit être ottoman. Cet usage a été abandonné et aujourd'hui, quand un sujet local veut intenter une action contre un Européen, il s'adresse constamment au tribunal consulaire du demandeur, pour faire valoir ses droits (1).

En résumé, l'institution des tribunaux mixtes de commerce dans lesquels siégent des Européens est la véritable condamnation des tribunaux locaux. Car si l'on a senti la nécessité d'établir des juges Européens, une telle mesure signifie qu'on ne pouvait pas avoir confiance dans les juges indigènes.

Et puisqu'on ne la leur accorde pas pour les questions commerciales, comment se pourrait-il qu'on la leur accordât dans les affaires civiles qui, d'ordinaire, sont beaucoup plus difficiles, et, quand il s'agit du Gouvernement, beaucoup plus importantes que les premières?

On objectera peut-être que si, en vertu des capitulations, les Européens peuvent décliner la compétence des tribunaux locaux, ils doivent porter leurs différends devant le Divan du Gouverneur, c'est-à-dire devant le Conseil des ministres ou le Conseil privé du Prince. A cela nous répondrons ce que nous avons dit tant de fois, que les us et coutumes s'y opposent, l'usage étant établi de façon constante en Egypte, depuis plus d'un demi-siècle, de recourir à des arbitres ou à des commissions européennes et aux tribunaux européens, mais jamais au Divan ni au Conseil privé du Prince. D'ailleurs les vices des tribunaux locaux, c'est-à-dire l'incapacité absolue des juges, leur ignorance complète de la loi et de toute forme de procédure se rencontreraient également chez les ministres et les

---

(1) Féraud-Giraud. *De la Juridiction française dans les Échelles.* Tome II, pages 259 et suivantes (deuxième édition).

conseillers du Prince; les fonctionnaires susdits parvenant à ces hauts emplois de la même manière que les conseillers des Medjlis.

En admettant même qu'il soit loisible de s'adresser à ce tribunal suprême dans le cas de différends entre particuliers, la chose deviendrait de toute impossibilité s'il s'agissait d'une action intentée contre le Gouvernement du pays. Car alors le Gouvernement serait à la fois juge et partie, et il est facile de comprendre que le demandeur européen devrait fonder bien peu d'espérances sur le résultat d'une sentence émanant des premiers fonctionnaires de l'État, c'est-à-dire des gens les plus intéressés à soutenir et à défendre le Gouvernement. La question se compliquerait bien davantage si — comme cela arrive le plus souvent — le procès avait pour but d'obtenir la réparation de dommages causés par une négligence, une faute, un abus de pouvoir commis par les ministres eux-mêmes. Dans un cas semblable, si l'on présentait sa cause, on aurait toujours tort; car il est certain que les ministres ne seraient point disposés à se condamner eux-mêmes, et leur propre système.

Les mêmes raisons sont valables en partie s'il s'agit de porter à Constantinople un procès relatif à l'Égypte. Les vice-rois d'Egypte n'ont jamais désiré s'adresser à la Porte — et cela avec raison — pour ne point donner à la Turquie le prétexte d'une trop grande influence sur les affaires égyptiennes. Mais quand bien même les Européens auraient ce désir, leurs vœux ne seraient point satisfaits. En effet, l'Egypte est une province de l'Empire Ottoman; son Gouvernement fait partie du Gouvernement de l'Empire; si bien que les procès contre le Gouvernement égyptien regardent et intéressent en réalité le Gouvernement ottoman. De telle sorte que si les ministres turcs étaient appelés à juger, ils seraient toujours juge et partie, et trop intéressés à condamner le demandeur pour que celui-ci pût avoir jamais confiance en leur impartialité et leur justice.

Nous ne mentionnons pas — et à dessein — d'autres influences bien autrement puissantes, auxquelles on ne se fait pas scrupule de recourir en Orient.

De tout ce qui précède, il résulte que lorsqu'il s'agit de procès intentés par des Européens au Gouvernement du pays, — sans compter les raisons ci-dessus déduites, — les Européens ont trop de raisons de décliner la compétence du Divan ou du Conseil des Ministres, et qu'ils doivent nécessairement en référer à d'autres tribunaux. Ces tribunaux ne peuvent être que ceux auxquels on s'est adressé jusqu'à présent, c'est à-dire des arbitres amiables ou des tribunaux européens.

La dernière conséquence de ce que nous avons dit — et elle a une importance capitale — c'est que dans presque tous les cas les Européens sont en droit de rejeter tous les tribunaux, quels qu'ils soient, de l'Empire Ottoman. C'est là un droit que légitiment trop la mauvaise, la détestable administration de la justice en Turquie, l'absence complète dans le pays de tribunaux, non pas parfaits mais même supportables, et le manque total de loi de procédure offrant quelque garantie aux plaidants. De là est venue précisément la coutume de déférer à des tribunaux exceptionnels tous les différends des Européens contre le Gouvernement égyptien et aussi contre les particuliers influents.

Conséquemment, pouvons-nous dire qu'en vertu des deux principes du droit international ottoman, savoir les Capitulations et la coutume, le refus par les Européens résidant dans le Levant de reconnaître les tribunaux locaux est légal et fondé en droit.

Que la Turquie suive les pratiques usitées en Europe, qu'elle sépare la loi religieuse de la loi civile, qu'elle crée des écoles de droit dans lesquelles l'élément religieux et l'in-

fluence des ulemas ne se fassent pas sentir, qu'elle publie des
codes de lois tels que les exigent la civilisation moderne et
la résolution prise d'avoir sa place parmi les Puissances européennes; que, par un code de procédure accessible à tous (1),
elle institue des tribunaux composés de juges instruits, hon-
nêtes, inamovibles, en un mot que les belles promesses con-
tenues dans le *Hatti-humayoum* de Gulhané et dans le *Hat-
tichérif* de 1856 ne soient pas lettre morte; et alors, mais
seulement alors, on pourra dire aux Européens de se soumettre
à sa juridiction territoriale, sans être obligés de s'adresser à
des tribunaux exceptionnels et extraordinaires.

Il est vrai que la Turquie, en entrant dans l'union politique
des États européens, avait fait espérer une amélioration nota-
ble de ses institutions intérieures; aussi, dans le Congrès de
Paris, avait-il été question de restreindre les priviléges que
l'usage et les Capitulations accordent aux Européens résidant
en Orient, relativement à la juridiction des tribunaux du
pays. Mais rien de tout cela ne s'est fait, tout est resté dans
l'état primitif, et le jour est bien loin encore où l'on pourra
obtenir le résultat que les réformes promises devaient ame-
ner (2).

---

(1) Nous disons avec raison *accessible à tous*, parce qu'il est fort difficile
dans les États ottomans de connaître les lois et règlements qui s'y publient,
non pas tant à cause de la langue en laquelle ils sont écrits (car ils ne
sont que très-rarement traduits en langues européennes) que par suite du
secret le plus jaloux qui les environne, comme si le Gouvernement était
intéressé à les voir ignorés. Si bien que pour se procurer quelques règlements locaux, il faut surmonter mille obstacles, et recourir presque toujours à des subterfuges ou à l'intrigue.

(2) FÉRAUD-GIRAUD. — *De la Juridiction française. Tome I, page* 57.

« La difficulté d'atteindre ce résultat a fait qu'on n'a pas essayé de l'ob
« tenir. Il faudrait que la législation civile des Ottomans fût tout à fait
« indépendante de la loi religieuse, pour que les Européens pussent renon-
« cer aux priviléges de juridiction qui leur sont réservés; et des renou-

C'est ce que fait justement remarquer Wheaton. Depuis que la Porte-Ottomane, dit-il, fait partie de l'union politique européenne, loin qu'on ait introduit quelques modifications dans les rapports des Européens avec l'autorité ottomane, le premier article du traité de commerce de 1861 établit que tous les droits, priviléges et immunités dont les Européens jouissaient précédemment sont et demeurent confirmés pour toujours (1).

Les gouvernants ottomans feraient bien de se rappeler ces faits, et au lieu d'invoquer, comme ils le font trop souvent, le droit public européen, ils devraient chercher à l'appliquer de tous points pour réaliser les réformes promises — et non exécutées. Ce qui fait que nous sommes encore si loin du but où l'on devrait arriver.

Tant que ce résultat ne sera pas obtenu, voici ce que les Européens répondront toujours au Gouvernement ottoman, s'il veut les soumettre à ses tribunaux : « Un sujet ottoman, « quand il vient en Europe, est sûr d'y trouver pleine et entière « justice tant contre le Gouvernement que contre les particu- « liers; il a donc, lui Européen, le droit d'être traité de la même

---

« ciations partielles, au lieu de simplifier la situation, n'auraient pour « résultat que d'y placer de nouveaux éléments de confusion, et de créer « des difficultés plus nombreuses... Aussi, malgré les espérances que pou- « vaient donner à la Porte les déclarations bienveillantes des plénipoten- « tiaires des puissances européennes au Congrès de Paris, aucune tentative « de ratifications de leurs vœux n'a eu lieu. »

(1) WHEATON. *On international Law.* 1re Part. Chap. I, § 10, not. 6 (Edition américaine de 1863) :

« So far, however, from any change having been made, in the relations « of the Franks to the turkish authorities, the first article of the treaty of « commerce and navigation concluded at Constantinople, february 25 « 1862, provides that : « All rights, privileges and immunities which have « been confered on the citizens or vessels of the United States of America... « are confirmed, *now and for ever.*

« façon quand il vient dans l'Empire Ottoman, si la permis-
« sion qui lui a été donnée de s'établir dans le pays et d'y faire
« du commerce n'est pas une fiction; » et ce serait véritable-
ment une fiction si sa fortune et ses intérêts se trouvaient à
la merci de tribunaux absolument incapables de les protéger.
S'il ne peut obtenir cette protection par les moyens ordinaires,
il a le droit d'invoquer l'assistance de son propre gouvernement, afin d'être protégé par des moyens extraordinaires. Et
comme le droit public international admet les *représailles* et
la rétorsion, quand on a constaté un déni de justice, ces
moyens doivent être employés vis-à-vis du Gouvernement
ottoman, s'il se refuse à donner des moyens efficaces, même
extraordinaires, de faire rendre justice. Or, des tribunaux
tout à fait incapables et insuffisants pour administrer la justice constituent précisément le déni de justice; aussi en par-
lant de l'Égypte, pouvons-nous dire que les Européens se
trouvent dans un état perpétuel de déni de justice. Donc, en
ce cas, un Européen peut forcer le Gouvernement ottoman à
lui accorder des tribunaux exceptionnels, offrant des garanties suffisantes de capacité, d'honnêteté et d'impartialité, ou,
dans le cas contraire, l'assistance de son propre Gouvernement, et au besoin l'emploi de la force, ce qu'on ne pourrait
lui refuser sous aucun prétexte.

A ce sujet, citons les paroles d'un célèbre publiciste, de
Martens, *Précis du droit des Gens*, § 96; *du Déni de Justice :*

« Mais dans le cas d'un déni ou d'une protraction inconsti-
« tutionnelle de justice, ainsi que dans ceux d'une perversité
« évidente ou constatée du juge, et dont on n'aurait aucun
« redressement à espérer par la voie ordinaire de la justice,
« les étrangers seraient autorisés à s'adresser à leur propre
« souverain pour obtenir de sa protection le redressement de
« leurs griefs, soit par des représentations, soit en leur accor-
« dant ou en décernant des lettres de marque ou de repré-

« sailles, dont la plupart des traités bornent l'usage, en temps
« de paix, à ces seuls cas. »

Voilà ce qu'établit l'illustre auteur à propos des nations
européennes. A plus forte raison doit-on appliquer ces principes quand il s'agit de la Turquie, avec qui les relations in-
ternationales sont beaucoup moins resserrées et qui a des
tribunaux assez défectueux pour que l'écrivain emploie pour
les qualifier les expressions que nous avons citées.

Pour conclure, le Gouvernement ottoman n'a que deux
routes à suivre : ou modifier dans leur essence ses propres
lois et ses institutions judiciaires; ou persévérer dans le système employé jusqu'à ce jour, c'est-à-dire soumettre à des
arbitres ou à des tribunaux européens les questions intentées
contre lui.

De ces deux routes, il en est une, la première, qu'on ne
veut pas suivre en Turquie, car on n'a rien fait, rien tenté de
faire pour améliorer les tribunaux — disons mieux — pour
créer de bons tribunaux. Nous n'en rejeterons pas toute la
faute sur le Gouvernement ottoman, qui, il faut bien le dire,
manque de presque tous, pour ne pas dire de tous les éléments
nécessaires à organiser des tribunaux. Il rencontre d'énormes
obstacles dans l'ignorance de ses sujets et dans le fanatisme
qui domine toute la secte des musulmans. Mais qu'il tente
d'abord l'expérience, et, dès le principe, qu'il s'adresse à
l'élément européen (1) pour servir d'école, d'exemple aux indigènes.

---

(1) Il a été question à plusieurs reprises d'instituer un tribunal composé
de juges européens, soit de Conseillers de Cour demandés aux Gouvernements d'Europe, auxquels on confierait la justice, spécialement pour les
procès contre le Gouvernement. Ce tribunal aurait eu le double avantage

Qu'il établisse des écoles de droit, et qu'en attendant il publie un code de procédure. Mais rien n'est fait jusqu'à présent, rien n'a été tenté dans ce sens. Aussi peut-on dire avec raison que, malgré le Hatti-humayoum et le Hatti-chérif de 1856, la Turquie ne veut pas avoir de tribunaux réguliers.

Si encore elle voulait entrer dans la voie des réformes, elle utiliserait dès aujourd'hui un temps précieux pour l'avenir. Mais, je le répète, jusqu'à ce qu'on crée des écoles de droit pour former des magistrats instruits, et qu'on publie un code de procédure, il n'y a rien de bon à espérer.

Actuellement donc, pour les affaires pendantes, il n'y a d'autre moyen que les tribunaux exceptionnels employés jusqu'à présent; et les Gouvernements européens ont le plein droit — c'est même leur devoir — de forcer le Gouvernement ottoman à les accepter s'ils veulent, comme ils le doivent, appuyer efficacement les réclamations de leurs sujets, qui, par les moyens ordinaires, ne peuvent obtenir satisfaction.

Pour résumer ce qui précède, je crois avoir démontré :

1° Qu'en vertu des Capitulations les Européens ont, en Turquie, le droit de repousser les tribunaux locaux en général;

2° Qu'à plus forte raison, ils ont ce droit quand il s'agit de causes où le Gouvernement du pays est intéressé;

3° Que ce droit est confirmé par un ancien et constant usage dans le Levant, usage qui a établi que dans toutes les

---

de donner aux parties adverses des garanties de savoir et d'honorabilité; et en même temps de servir d'école aux indigènes qui auraient appris là comment s'administre la justice en Europe; puis, par la suite, et après avoir établi des écoles de droit en Turquie, on aurait choisi les juges parmi les indigènes. Mais cette belle idée, comme tant d'autres, s'en est allée en fumée, et on est resté dans l'état de confusion et de désordre qui dure depuis si longtemps dans l'Empire Ottoman.

questions avec le Gouvernement, la décision devra être remise à des tribunaux exceptionnels choisis par les parties adverses;

4° Que les Gouvernements d'Europe peuvent et doivent obliger le Gouvernement ottoman à persévérer dans ce système, tant qu'on n'aura pas créé en Turquie des tribunaux vraiment dignes de ce nom, car c'est le seul moyen de protéger efficacement les intérêts de leurs nationaux résidant dans le Levant.

PIÈCES JUSTIFICATIVES

PIÈCES JUSTIFICATIVES.

Nous publions, à titre de documents précieux dans l'espèce, *le Règlement de procédure pour la Commission mixte austro-égyptienne*, tel qu'il fut établi en 1851, et un règlement analogue relatif à la *Commission mixte helléno-égyptienne*.

Il est bon d'observer toutefois, relativement au premier de ces documents, que les éléments constitutifs du tribunal Austro-Egyptien furent jugés, malgré ces réformes, d'une insuffisance telle au point de vue des intérêts de la colonie autrichienne, qu'un nouveau règlement fut édicté, plus conforme à la législation des États Européens, et que le Gouvernement ottoman *l'imposa* au Pacha d'Égypte.

Il n'en fallut pas moins pour faire rendre justice aux résidents autrichiens.

RÈGLEMENT DE PROCÉDURE

POUR LA

COMMISSION MIXTE AUSTRO-EGYPTIENNE.

ARTICLE 1er. — SON ALTESSE LE VICE-ROI D'EGYPTE, animé du désir de donner une prompte solution aux réclamations de la Colonie européenne, et de terminer certaines affaires pendantes entre son Gouvernement et quelques sujets autrichiens, a résolu, d'accord avec M. SCHREINER, Consul Général de S. M. I. et R. Apostolique en Egypte, de créer une

Commission mixte austro-égyptienne chargée de la décision desdites affaires.

Art. 2. — Les affaires dont la Commission mixte austro-égyptienne aura à s'occuper sont les suivantes : 1° Diverses réclamations du sieur Antoine Lucovich, contre les Administrations égyptiennes ; 2° Réclamation du sieur Stanislas Lucovich, au sujet de la démolition des Vaisseaux de l'Arsenal ; 3° Réclamation du sieur Ibrahim-Romano Murad, pour rupture de contrat d'apalte de Madié ; 4° Réclamation du sieur Levi Menassé, au sujet de la succession de Hassan-Pacha-Haydar ; 5° Réclamation du sieur Petrovich, au sujet de la succession d'Anesti Cavachi ; 6° Réclamation du sieur Mathieu Morpurgo, fils de feu le docteur Morpurgo, pour un terrain actuellement usurpé par Arif-Bey ; 7° Réclamation du sieur Vaneck, contre le Divan d'Alexandrie ; 8° Réclamation du sieur Charles Tonch, au sujet de droits de douane indûment payés à Berber ; 9° Réclamation du sieur Scalparotto, contre l'Intendance Sanitaire d'Alexandrie ; 10° Réclamation du sieur Bulizza, pour rupture de contrat de fourniture de boutons ; 11° Réclamation des frères Nahman, au sujet de l'exploitation du natron ; 12° Réclamation du sieur Bioni, au sujet de fourniture de médicaments ; 13° Réclamation du sieur Sposito, pour l'arrestation arbitraire du Directeur de sa tuilerie ; 14° Réclamation du sieur Engel, contre la Police d'Alexandrie ; 15° Réclamation du sieur Joseph Siffert, pour des dommages soufferts par le fait des Autorités locales ; 16° Réclamation du sieur B. Rossano, contre l'Administration du Transit.

Art. 3. — Si des réclamations étaient présentées au Consulat Général d'Autriche en dehors de celles ci-dessus mentionnées, avec l'intention qu'elles fussent jugées par la Commission mixte austro-égyptienne, ledit Consulat Général ne donnera pas suite auxdites réclamations, à moins que le réclamant ne puisse établir la preuve qu'il a fait insinuer sa réclamation avant le 30 avril dernier, et que cette réclamation n'appartienne pas à la catégorie des affaires surannées, qui ne peuvent être appuyées par le Consulat Général d'Autriche, sans un ordre spécial du Ministère des affaires étrangères de S. M. I. et R. Apostolique.

Art. 4. — La Commission mixte austro-égyptienne se composera d'un Président ainsi que de deux Membres nommés par Son Altesse, et de deux Membres nommés par le Consul Général d'Autriche :

Le Président sera S. Ex. CHÉRIF-PACHA.

Les Membres de la Commission seront :

MM. J. B. CUSTOT et R. RAFFAELLI, désignés par Son Altesse.

Et MM. J. DE BATTISTI et J. RUSCOVICH, désignés par le Consul Général d'Autriche.

Art. 5. — Aussitôt que le présent Règlement aura été sanctionné par Son Altesse, le Consul Général d'Autriche sommera les réclamants, par des décrets *ad hoc*, d'avoir à présenter leurs griefs dans le délai d'un mois, à partir du jour de la notification effectuée du décret. Avant l'expiration de ce délai, le réclamant pourra, en alléguant des motifs convenables, demander une prorogation qui, cependant, ne pourra dépasser le terme d'un autre mois. Cette prorogation sera accordée par le Consulat Général qui en donnera avis au Ministre des affaires étrangères. Une fois ces délais expirés, sans que le réclamant ait présenté ses griefs, le Consulat Général n'appuiera plus sa réclamation, sauf un ordre spécial de son Gouvernement.

Art. 6. — Si un réclamant Autrichien refusait la compétence de la Commission mixte, le Consulat Général se désisterait à tout jamais du droit d'appuyer sa réclamation, à moins qu'il n'y fût engagé par un ordre spécial de son Gouvernement. Le réclamant pourra, cependant, faire valoir des exceptions contre la personne d'un des Membres de la Commission. Ces exceptions seront examinées par le Consulat Général d'Autriche d'accord avec le Ministère des affaires étrangères et, dans le cas où elles auront été trouvées fondées, il y sera pourvu ultérieurement ainsi que de droit. Il est d'ailleurs entendu que ces exceptions devront être opposées, avant que la partie intéressée ait présenté ses griefs, et qu'elles ne pourront être déduites que des rapports personnels existant entre le réclamant et le juge. Dans le cas où de pareilles exceptions seront présentées par le réclamant, les délais ci-dessus mentionnés ne seront complés que du jour où la décision prise au sujet de cet incident aura été notifiée à la partie intéressée.

Art. 7. — La pièce par laquelle le réclamant présentera ses griefs contiendra un exposé complet de l'action intentée par le réclamant. Il ne lui sera permis de citer comme des faits connus ni les pièces présentées antérieurement ni les correspondances échangées d'office entre le Consulat Général et les Administrations égyptiennes. Cette pièce contiendra pareillement les copies authentiques de tous les documents que le réclamant croira pouvoir alléguer comme preuves de son droit. Tous les faits et documents qui ne se trouveront pas cités ou allégués dans cette première partie seront considérés par la Commission comme nuls et non avenus.

Art. 8. — Cette pièce sera présentée au Consulat Général par le réclamant en *six exemplaires*. Un exemplaire sera retenu pour les archives du Consulat Général; les cinq autres exemplaires seront transmis au Ministère des affaires étrangères; celui-ci en retiendra un exemplaire pour son propre usage, et en transmettra quatre au Président de la Commission, qui les communiquera sans délai aux quatre membres de ladite Commission.

Art. 9. — Le Gouvernement examinera la réclamation présentée, et il pourra, s'il lui convient, la terminer directement avec le réclamant.

Art. 10. — Si un pareil arrangement est agréé par les deux parties, le réclamant retirera sa demande sans délai, et le Ministère des affaires étrangères en informera le Président de la Commission, qui rayera la réclamation de la liste.

Art. 11. — Dans le cas où le Gouvernement ne trouvera point la réclation fondée ou ne réussira pas à s'entendre avec le réclamant sur un arrangement à l'amiable, le Gouvernement donnera sa réponse dans le délai d'un autre mois, à dater de la communication faite par le Consulat Général au Ministère des affaires étrangères. Le délai pourra être prolongé d'un autre mois, en suite d'un simple avis motivé, donné en temps utile par le Ministère des affaires étrangères au Consulat Général. — Cette prolongation devra être notifiée au réclamant par le Consulat Général.

Art. 12. — Le Ministère transmettra sa réponse, en *quatre exemplaires*, au Président de la Commission pour la communication ultérieure aux juges, et en transmettra *deux* au Consulat Général, qui communiquera l'un d'eux à la partie intéressée.

Art. 13. — Quand cette communication aura été faite, ou bien quand les délais ci-dessus fixés pour la réponse du Gouvernement seront expirés, sans que cette réponse ait été donnée, le réclamant demandera au Consulat Général la convocation de la Commission. — Cette demande sera transmise par la voie du Ministère des affaires étrangères au Président qui convoquera sans délai la Commission.

Art. 14. — Si, après l'expiration des délais ci-dessus fixés, la demande en convocation est présentée au Consulat Général avant la réponse du Gouvernement, la Commission jugera, sans discussion contradictoire entre les parties, sur le simple exposé du réclamant, et considérera comme nulles et non avenues les objections que le Gouvernement pourrait présenter postérieurement. — Si cependant le Gouvernement donnait sa réponse avant que la demande en convocation fût présentée au Consulat Général, cette réponse serait considérée comme ayant été présentée en temps utile, même après l'expiration du délai fixé. — Dans le cas d'une présentation simultanée, la question sera décidée en faveur du Gouvernement.

Art. 15. — La demande en convocation devra être présentée dans le lélai d'un mois après la notification de la réponse du Gouvernement, ou de deux mois après l'expiration du terme assigné au Gouvernement pour sa réponse. Ces délais passés, sans que le réclamant ait présenté sa demande en convocation, il sera considéré comme débouté de sa demande, et sa réclamation ne sera plus appuyée par le Consulat Général, sauf le cas d'un ordre spécial du Ministère Impérial.

Art. 16. — Après avoir pris connaissance de la demande en convocation, le Président fixera, sans délai, les jour et heure de la séance. La Commission délibérera sur les différentes affaires de son ressort dans l'ordre où les demandes en convocation lui auront été présentées.

Art. 17. — Le premier Interprète du Consulat Général assistera aux débats de la Commission, conformément aux stipulations des traités. — Il sera chargé de faire comparaître le réclamant, si besoin était, de veiller à l'exécution exacte du présent Règlement et d'informer le Chef du Consulat Général du progrès des débats. Il s'abstiendra cependant de prendre part aux débats relatifs au fond de la question.

Art. 18. — La Commission ne citera le réclamant ou son fondé de pouvoirs que pour entendre sa réplique à la réponse du Gouvernement. Cette réplique sera consignée dans le procès-verbal que devra dresser le Greffier de la Commission. Le Gouvernement pourra se faire représenter devant la Commission par un fondé de pouvoirs, qui fera insérer sa duplique dans le procès-verbal de la séance.

Art. 19. — A défaut d'une réponse de la part du Gouvernement, il ne ne pourra être procédé ni à la citation du réclamant ni à celle du fondé de pouvoir du Gouvernement, en vertu de la stipulation contenue dans l'article 11.

Art. 20. — La première pièce du réclamant, la réponse du Gouvernement, ainsi que les réplique et duplique consignées dans le procès-verbal de la première séance, formeront les uniques pièces du procès, et il ne sera permis à aucune des deux parties d'alléguer des faits nouveaux après la clôture de ces pièces. Si cependant le Président, après cette clôture, juge à propos d'adresser à l'une ou l'autre des parties intéressées des questions, dans le but d'éclairer la Commission sur un point quelconque de la cause, ces questions ainsi que les réponses y relatives pourront être insérées dans le procès-verbal.

Art. 21. — La Commission délibérera sur la décision à prendre, en l'absence des deux parties intéressées. Ces délibérations seront secrètes et verbales; il n'en sera pas dressé procès-verbal.

Art. 22. — Le jugement sera donné par écrit et signé par le Président et les Membres. Il sera énoncé dans le jugement qu'il a été rendu soit à la majorité, soit à l'unanimité des voix. — Les votes séparés sont interdits.

Art. 23. — En cas de partage, la Commission procédera à l'élection de trois autres Membres supplémentaires qui, réunis aux Membres permanents, rendront leur jugement à la pluralité des voix. — Les Membres supplémentaires ne seront pas tenus d'opter entre l'un des votes partagés, mais il sera procédé, dans ce cas, à de nouveaux débats sur le fond de la question.

Art. 24. — Le Président convoquera les Membres, dirigera les débats, éclairera la Commission de son opinion et fera de son mieux pour obtenir une union dans le cas de divergence. Il n'aura cependant de vote décisif ni pour l'élection des Membres supplémentaires ni pour le fond de la question.

Art. 25. — Le jugement rendu sera communiqué par le Président au Ministère des affaires étrangères, et par celui-ci, au Consulat Général, pour être signifié à la partie.

Art. 26. — Dans le terme de deux mois, à compter de la date du jugement rendu, les parties déclareront si elles consentent à l'exécution dudit jugement, ou si elles entendent recourir à Constantinople pour la faire réformer. — Ce terme passé, le jugement de la Commission sera exécutoire sans appel.

Art. 27. — La partie recourante fera un dépôt de 250 talaris, si le réclamant a été débouté de sa demande, ou bien si la somme fixée dans le jugement ne dépasse pas le chiffre de 5000 talaris; de 500 talaris si ce chiffre est dépassé dans le jugement et n'atteint pas celui de 20 000 talaris; de 1000 talaris pour toutes les réclamations dépassant le chiffre de 20 000 talaris. Ce dépôt sera confisqué au profit de la partie adverse, à titre de frais du procès, pour le cas où la partie recourante sera déboutée de sa demande à Constantinople.

Art. 28. — En cas d'appel, il est entendu que les parties se feront représenter à Constantinople par des fondés de pouvoirs.

Art. 29. — Le jugement rendu à Constantinople sera exécutoire et sans appel pour les deux parties.

Art. 30. — Le Gouvernement Egyptien se réserve de s'entendre avec le Consulat Général d'Autriche sur la manière dont seront terminées les réclamations qui pourront se présenter à l'avenir. — Les résultats obtenus par la Commission mixte austro-égyptienne formeront la base de cette entente.

ALEXANDRIE, *le 12 Juin 1861.*

RÈGLEMENT DE PROCÉDURE

POUR LA

COMMISSION MIXTE HELLÉNO-ÉGYPTIENNE.

SON ALTESSE LE VICE-ROI D'ÉGYPTE, animé du désir de donner une prompte solution à quelques affaires pendantes entre son Gouvernement et des sujets hellènes, a résolu, d'accord avec M. Rizo, Consul général de Grèce en Égypte, de former une Commission mixte qui sera chargée de prononcer sur ces affaires en se conformant aux règles ci-après :

ART. 1er. — Les affaires sur lesquelles ladite Commission est appelée à prononcer sont les suivantes : 1° Réclamation du sieur Thomas COSTOPOULO, relative à un terrain sis à Cons-El-Nadura, à Alexandrie ; 2° Réclamation du sieur Georges PANTAZIDES, relative à la fourniture de pain à divers établissements égyptiens, à Alexandrie ; 3° Réclamation du sieur P. ZOUCA, relative à la non exécution d'un contrat de fourniture de divers comestibles, au Caire ; 4° Réclamation du sieur D. ZOUCA, concernant des dégâts occasionnés sur son terrain, au Caire ; 5° Réclamation du sieur N. TOULI, concernant les entraves qui auraient été mises, selon lui, à l'exploitation du domaine de Batra, dont il était fermier ; 6° Réclamation du sieur COSTA (Nicolaou), pour avoir été détenu dans les prisons du Gouverneur de Fayoum pendant quatre mois, nonobstant les représentations du Consulat de Grèce au Caire.

ART. 2. — Si, pendant l'existence de la Commission précitée, il se présentait de nouvelles réclamations, leur renvoi par devant cette Commission ferait l'objet d'un nouvel accord entre Son Altesse et le Consul général de Grèce.

ART. 3. — La Commission mixte dont il s'agit sera composée d'un Président et de deux Membres, nommés par Son Altesse le Vice-Roi, et de deux autres Membres, nommés par le Consul général de Grèce.

ART. 4. — Aussitôt que le présent Règlement aura été sanctionné par Son Altesse le Vice-Roi, la Commission sera constituée et avis en sera donné par le Consulat général de Grèce aux demandeurs, afin qu'ils aient à présenter leurs demandes au Président de la Commission dans le délai de trente jours, à partir de celui où ils auront reçu signification de l'Ordonnance consulaire qui les informera de la constitution définitive de la Commission.

ART. 5. — La demande devra être présentée en six expéditions. Elle devra exposer les faits dont on demande réparation, sans avoir égard aux actes antérieurs présentés à la Chancellerie du Consulat général de Grèce, et sans faire mention de ce qui a pu être fait ou écrit avant l'établissement de la Commission dont il s'agit; en un mot, elle doit exposer l'affaire comme si elle était présentée pour la première fois. Dans le cas, cependant, où, pour des motifs valables, le demandeur ne pourrait pas présenter sa demande dans le terme de trente jours, il lui sera accordé, sur sa demande, un nouveau délai de trente jours. Une fois ces délais expirés sans que le demandeur ait présenté sa demande, l'affaire sera rayée du rôle de la Commission.

ART. 6. — Les Parties auront la faculté réciproque de ne produire que des copies des titres ou pièces qu'elles auraient à alléguer, mais chacune d'elles aura toujours le droit d'exiger de la partie adverse, avant l'audience, le dépôt de ces originaux au greffe, où elle pourra les examiner et en prendre connaissance à loisir. Il est d'ailleurs entendu que chacune des Parties devra déposer, le jour de l'audience, si ce n'est déjà fait, au greffe de la Commission, les originaux de toutes les pièces alléguées par elle.

ART. 7. — Lorsque le demandeur présentera sa demande, le Président ordonnera qu'elle soit enregistrée et qu'il soit délivré récépissé au demandeur. Un des exemplaires de la demande devra être notifié dans les cinq jours qui suivront la présentation de celle-ci au Ministère des Affaires étrangères de Son Altesse le Vice-Roi, en sa qualité de représentant du Gouvernement égyptien défendeur; le second des exemplaires restera au greffe de la Commission et les quatre autres seront mis à la disposition de MM. les Membres de la Commission.

Art. 8. — Le Gouvernement devra présenter sa réponse dans l'espace de trente jours, à partir de la date où il aura reçu notification de la demande. Si cependant ce délai n'était pas suffisant pour la production de sa réponse, le Gouvernement prendrait un nouveau délai de trente jours, et en informerait le Président de la Commission. Dans le cas où le Gouvernement ne produirait pas sa réponse dans l'espace de ce nouveau délai, la Commission, à la requête du demandeur, sera convoquée par le Président dans les quinze jours qui suivront l'expiration du terme de soixante jours et prononcera sur la demande. Si cependant, dans cet intervalle, la réponse du Gouvernement était présentée, elle serait admise à la condition toutefois qu'elle puisse être signifiée au demandeur cinq jours avant celui de l'audience. Dans le cas où la Commission jugerait sans avoir la réponse du Gouvernement égyptien, le défendeur pourra être entendu à l'audience, mais il ne serait admis alors à y produire des documents ou pièces justificatives dont le demandeur n'aurait nécessairement pas eu connaissance, que tout autant qu'il en aurait été donné communication à ce dernier cinq jours au moins avant l'audience.

Art. 9. — La réponse du Gouvernement à la demande devra être, comme celle-ci, en six expéditions dont la transmission s'effectuera à la diligence du Président de la façon suivante : Un exemplaire sera notifié au demandeur, un autre restera au greffe, et le surplus sera remis à MM. les Membres de la Commission. Le Président, en transmettant cette réponse au demandeur, le préviendra en même temps qu'il a trente jours pour se préparer et présenter sa réplique au greffe de la Commission où il lui en sera donné un récépissé. Cette réplique devra être présentée en double expédition. L'une d'elles sera transmise immédiatement par le Président au Ministère des Affaires étrangères, lequel sera avisé en même temps du délai d'un mois, à dater de cette notification, réservé au Gouvernement pour préparer et déposer également sa duplique en double expédition au greffe de la Commission.

Art. 10. — Après l'expiration des délais ci-dessus prescrits, le Président communiquera à la Commission les réplique et duplique échangées entre les parties et fixera ensuite, dans le plus bref délai, et ayant égard aux affaires déjà en cours, le jour et l'heure de la séance de la Commission pour les débats contradictoires.

Art. 11. — Il n'y aura, autant que possible, qu'une seule séance pour les débats contradictoires dont il sera dressé procès-verbal. Les débats contradictoires se borneront à développer les faits et arguments développés dans les demande et réponse, replique et duplique, et à donner les explications que la Commission croira nécessaire de demander aux parties pour s'éclairer. Mais il est expressément défendu aux parties de présenter des faits ou de produire des titres autres que ceux contenus dans les pièces précitées.

Art. 12. — Le demandeur a le droit de récuser pour des motifs valables un des membres de la Commission par requête adressée au Consulat général de Grèce. Ces motifs seront examinés par le Ministère des Affaires étrangères de Son Altesse, de concert avec le Consul Général de Grèce, et, s'ils sont reconnus fondés, l'autorité qui a nommé le membre récusé procédera à son remplacement. Il est d'ailleurs entendu que ces exceptions devraient être opposées, pour être prises en considération, avant l'introduction de la demande concernant le fond de l'affaire, et qu'elles ne peuvent être déduites que des rapports personnels existant entre le réclamant et le juge.

Art. 13. — Si l'une des parties ne se présente pas ou ne se fait pas représenter valablement à l'audience le jour fixé pour les débats contradictoires, la Commission, à moins que l'absence de la partie ou de son fondé de pouvoirs ne soit justifiée pour cause de maladie ou de force majeure, passera outre, et jugera par défaut. Mais, si les motifs de l'absence sont reconnus fondés, la séance sera remise à huitaine, et même avant, si faire se peut.

Art. 14. — Après la clôture des débats contradictoires, la Commission délibérera et prononcera, à la majorité des voix. La minorité, s'il y a lieu, ainsi que le Président, devront signer le jugement.

Art. 15. — Le Président de la Commission dirigera les débats; il sera présent aux délibérations, mais il n'y aura que voix consultative.

Art. 16. — La Commission délibérera sur les différentes affaires qui lui seront soumises et rendra successivement ses jugements dans l'ordre où les demandes en convocation lui auront été présentées. Le jugement sera signifié au demandeur par l'intermédiaire du Consulat Général de Grèce.

Art. 17. — En cas de partage des voix, les quatre membres de la Commission procéderont à l'élection de trois autres membres. Ces membres supplémentaires ne seront pas tenus d'opter entre les deux avis; mais il sera procédé à une nouvelle délibération et la décision sera prise à la majorité absolue.

Art. 18. — Dans le délai d'un mois à compter du jour où elles auront reçu signification du jugement, les parties devront déclarer si elles ont l'intention d'en appeler à Constantinople. Si, dans le délai ci-dessus, les parties n'ont pas fait connaître leur intention, elles seront déchues du droit d'appeler, et le jugement rendu par la Commission sera exécutoire sans appel.

Art. 19. — La partie qui aura recours à l'appel sera tenue de déposer une somme de deux cent cinquante tallaris si la réclamation est au-dessous de cinq mille tallaris. Pour toute réclamation qui dépasserait ce dernier chiffre, le dépôt est fixé à cinq cents tallaris. La somme déposée sera adjugée à la partie qui aura gagné en appel, à titre de frais du procès.

Art. 20. — Sans être aucunement astreinte à une législation ou à une jurisprudence spéciale la Commission helléno-égyptienne devra s'inspirer, dans ces délibérations et pour ces décisions, des principes généraux les plus universellement reconnus et suivis en matière de droit.

Paris. — Typ. Gaittet, rue du Jardinet, 1.

www.ingramcontent.com/pod-product-compliance
Lightning Source LLC
LaVergne TN
LVHW010328030726
842520LV00004B/1336